어라,
그런대로
안녕하네

어라, 그런대로 안녕하네

ⓒ지찬스님 2016

초판 1쇄 발행일 2016년 5월 13일
초판 2쇄 발행일 2016년 5월 20일

지은이 지찬스님

출판책임 박성규
기획실장 선우미정
편　　집 유예림 · 구소연
디 자 인 김지연 · 이수빈
마 케 팅 석철호 · 나다연
경영지원 김은주 · 박소희
제　　작 송세언
관　　리 구법모 · 엄철용

펴 낸 곳 도서출판 들녘
펴 낸 이 이정원
등록일자 1987년 12월 12일
등록번호 10-156
주　　소 경기도 파주시 회동길 198
전　　화 마케팅 031-955-7374　편집 031-955-7381
팩시밀리 031-955-7393
홈페이지 www.ddd21.co.kr

ISBN 979-11-5925-148-1(07220)

값은 뒤표지에 있습니다. 잘못된 책은 구입하신 곳에서 바꿔드립니다.

이 도서의 국립중앙도서관 출판예정도서목록(CIP)은 서지정보유통지원시스템 홈페이지(http://seoji.nl.go.kr)와 국가자료공동목록시스템(http://www.nl.go.kr/kolisnet)에서 이용하실 수 있습니다.(CIP제어번호: CIP2016010659)

어라, 그런대로 안녕하네

지찬스님 지음

들녘

추천의 글

남녀노소, 종교에 상관없이
슬며시 미소 짓게 하는 따뜻한 유머와 재치

어라스님의 카툰을 보면 얼굴에 저절로 미소가 지어집니다. 남녀노소, 종교에 관계없이 누구나 즐거워하고 마음이 따뜻해집니다. 그의 카툰에는 귀여움과 아름다움, 재치와 유머 그리고 세상과 마음에 대한 수행자의 통찰이 담겨 있습니다. 그의 카툰이 다른 작가들의 작품과 다른 이유는 그가 명상을 하는 수행자이기 때문입니다. 귀엽고 유머러스한 카툰의 저변에는 수행자인 어라스님의 순수한 정신이 항상 흐르고 있습니다.

'어라'라는 재미있는 필명은 '이 뭣고?'라는 유명한 화두를 담고 있기도 합니다. '이 뭣고?'를 풀면 '어라'가 되는 것입니다. 카툰을 그릴 때도 수행자임을 항상 잊지 않겠다는 마음이 '어라'라는 필명에 녹아 있습니다. 삶에 대한 지혜와 진리를 유머러스하게 전해주는 그의 카툰을 보면 마음속에 무겁게 자리잡은 근심과 고민이 사라질 것입니다. 마음의 눈을 가리고 있던 어리석음도 조금씩 녹아내릴 것입니다. 그리하여 저뿐 아니라 이 책을 읽는 모두가 세상을 훨씬 따뜻하고 명확하게 볼 수 있기를 꿈꿔봅니다.

봉화 산골에서, 혜안 두 손 모음

소소한 일상에 담긴 묵직한 화두와 성찰

불자집안에서 태어난 덕에 그나마 잘 알지 못하는 가르침을 공부하고 스스로 명상하며 수양하게 되었습니다. 하지만 사실 저는 아직도 뭐가 뭔지 잘 모르겠습니다. 유명한 불교서적을 읽거나 강좌를 들어도 배움의 깊이가 워낙 낮고, 공부의 정도가 부족하다 보니 마음속으로 받아들여지는 것이 별로 없는 듯합니다. 그런 저 같은 사람을 위해 '어라스님'이 나타났습니다.

스님의 그림은 가볍지만, 그 속에는 깨달음을 주는 묵직한 물음이 가득합니다. 일상에서 일어나는 소소한 이야기가 바로 깨달음이요, 진리일지도 모른다는 것을 스님의 그림을 보며 느낍니다. 만화가 지닌 '즐거움'이라는 가장 큰 힘 또한 새삼 생각해보며, 스님의 따뜻한 마음과 성찰의 깊이도 느껴봅니다.

붓다는 모두가 부처가 될 수 있다고 했습니다. 그러기 위해 정진하고 깨달아야 할 것인데, 이 책 속의 어라스님은 조금은 쉽고 유쾌하게 붓다에게 가는 길을 안내해주는 듯합니다.

김동범(카투니스트)

저자의 말

만화로 합장하는 수행자의 작은 발원

　제대로 된 그림 교육을 받아보지도 못했고, 불교 교학, 수행에서도 한없이 부족한 제가 어쩌다 이런 야단법석을 펴게 되었는지, 저도 모르는 사이에 일이 이렇게 벌어졌습니다.
　만화에 관심을 갖게 된 것은 독자에게 천천히 다가갈 수 있는 장점과 그림이 지닌 서정성 덕에 대중의 마음에 친근하게 다가갈 수 있는 힘 때문이었습니다. 대중의 평가는 둘째치고, 실은 불교도 제대로 모르면서 시간을 낭비한다는 우려의 시선에서도 자유로울 수는 없었습니다. 저 스스로는 괜찮다 해도 제 행동이 다른 사람들의 입과 생각에 안 좋은 말과 번뇌를 일으킬 것 같아 만화를 그리면서도 걱정이 앞선 것이 사실입니다.
　미련하나마 이런 자리를 마련한 것은 먼저 제가 수행자로서, 또한 생활인으로서 느끼는 즐거움과 행복함을 만화로 선보이고 싶었고, 한편으로 불교가 일상을 살아가는 모든 이에게 친근하게 다가갔으면 좋겠다는 생각이 들었습니다. 뭘 해낸다는 생각 없이 일은 저질렀는데, 말이 거창해져버려 늘 부끄러울 뿐입니다.
　불가에서는 마음이란 안과 밖이 없다고 말을 합니다. 쓴다고 소

모되고, 채운다고 더 충만해지는 개념을 넘어섭니다. 때문에 고갈되었다고 생각했던 마음이 순식간에 기운이 가득 채워지는 것은 양의 문제가 아니라 벽을 허물고, 생각을 바꿔주는 환기의 문제로 생각할 수 있습니다. 추구하고 공고히 했던 마음의 굳음을, 잘 허물고 확인하는 것은 바로 인연따라 주고받는 서로의 호흡 속에서 이루어집니다. 삶을 살아가는 모든 상황 속에서 제 만화의 모든 장면이 나왔습니다. 부족한 만화이지만 책을 읽는 동안 어떤 종류의 환기이든, 연기적으로 호흡되어 환기되는 시간이 될 수 있기를 작은 발원이나마 올려봅니다.

순간을 소중히 여기는, 어라(지찬)스님 합장

차례

추천의 글
저자의 말

INTRO. 어라어라 하기 전에 알아두어야 할 것::: 2등신 어라의 비밀

알어라
희로애락의 온갖 마음 덜어내기:::**마음수행편**

스님의 방 17 • 탁구를 잘 치려면 22 • 더러움 24
마음에 결을 내자 27 • 발우공양의 완성 31 • 마애불 35
감응이 일어나는 때 37 • 문수보살게송 40 • 몰입 42
비 오는 일요일 45 • 절식은 절식 48 • 맞불통증 52
사무량심 56 • 여여커플 59 • 사유가 곧 사랑입니다 61
포살법회 63 • 천수천안지관법 68 • 자비레시피 72 • 인생예찬 74

찾어라
난 누군가? 'Who am I'에 대한 몇 가지 화두:::**자아성찰편**

예쓰님 81 • 관심법 84 • 과학의 시대 86 • 쪼이는 물음표 88
어떤 매임 90 • 어떤 놈을 먼저 버려야 94 • 그림자 쫓기 96
낙엽다비식 98 • 나의 가치 100 • 몇 근인고? 102 • 독서삼매 104
시선이 향하는 곳 106 • 불전사물 108 • 어떤 커피를 좋아하세요? 111
끙끙 앓다 보면 114 • 별 같은 사람 116 • 음흉한 눈 118
중심을 잡을 뿐 120 • 다가오는 마지막 122

웃어라

또 여긴 어딘가? 탐진치와 팔정도 사이의 세상살이 :::**사회편**

학여울역 코스프레 129 • 닮고 싶은 부처님 그리기 132
자비심 135 • 독화살의 비유 138 • 장미여관 봉숙아 141
아름다운 말 143 • 불법은 양말을 타고 146 • 뽁뽁이 비닐 150
뻔한 격언이라도 152 • 원조의 품격 154 • 물들이다 157
결혼을 원하면서도 161 • 특별한 배려 166 • 맘섹남 170
핼러윈데이 172 • 허리교정요가 174 • 업의 세월호1 176
업의 세월호2 180

주어라
울고 웃으며 부대끼는 또 다른 나(타인)와의 관계 맺기:::**공감과 소통편**

안심방편 185 • 고장 난 벽시계 188 • 마음은 전도체 192
바라보다의 준말 194 • 다도 197 • 기억의 조건 199
조용한 거래 202 • 문득 서랏발 생각 206 • 졸라열라 208
넉넉한 팬심 211 • 제대로 위로하기 214 • 멀리서도 눈에 띄게 220
러브어라 222 • 너처럼 안 살고 224 • 마음을 쓸 때는 226
격한 격려 228 • 1인미디어시대 230 • 축전문화 232 • 발심출가 235

살어라
하루를 딱 하루에 맞게:::**일상편**

부재중 243 • 일상의 아픔 245 • 무소의 뿔처럼 248
부처님 오신 뜻 250 • 신선이다 252 • 내가 그려야 할 것 254
세월의 가르침 256 • 질레트 젠틀 258 • 명훈가피 260
커피톡스 264 • 나는 걸치고 268 • 삶을 노래해 271
이미 갖춰진 사랑 273 • 무상쿠폰 279 • 슈퍼문 281
번개 같은 283 • 미련 없이 285

INTRO 어라어라 하기 전에 알아두어야 할 것: 2등신 어라의 비밀

어라는 붓다의 모습과 다르지 않아요.
대신, 어떻게 투영되어,
세계를 가두어 놓느냐,
열어두느냐에 따라 달라지지만요.
그래도, 당신은 붓다의 모습에서 비춰진 어라입니다.
어라의 2등신 모습은 붓다에서 온 것이죠.

알아라

희로애락의 온갖 마음 덜어내기

마음수행편

스님의 방

밖에선 잘 들여다보이지
않던 발이, 안에선 시원하게 보이는 걸
스님이 되고 방 안에 살면서
알게 되었죠.

모든 사물을 시원하게
바라볼 수 있다면, 얼마나 좋을까요.
우리는 눈으로, 귀로, 맛으로,
관념으로 속고 있으니

이 텅 빈 방 안의 '나'를
궁금해 하는 아이가, 들여다보고 싶어
이리저리 기웃거리고
있네요.

안으로 불러서,
밖을 볼 수 있게
해줘야겠어요.

대개 사람들은 이런 상황에 더 노력해야 하고,
레슨을 꾸준히 잘 받아야 한다는 등의 말을 할 텐데,
노력과 인내도 '하심'이라는 마음 자세일 때,
유지, 지속할 수 있다는 것을 알려주네요.
어리지만 고수의 품격은 다릅니다.

더러움

해야 할 일이 있다면
선뜻 나서서 부지런히 힘쓰라.
집 떠나서도 게으르면
도리어, 더러운 먼지를 뿌리게 된다.

하룻밤 사이 마구 밟힌 앞마당을 까칠한
싸리비로 살살 긁어줍니다.
그럼 깊고, 넓게 파인 흔적도
일정한 패턴으로 단정해집니다.
단지, 긁어주었을 뿐인데 단정해 보이다니
제 눈이 어떻게 된 모양입니다.

어리석고, 게으르고, 상처투성인 마음도
자꾸 쓰다듬어주면 한결 단정해질 겁니다.

발우공양의 완성

발우공양 교육

공양이 다 끝나고
단무지나 김치로
닦아 먹는 것은
대부분 알지만,

발우공양의
완성은,

넹?

출가 전까진
나도 몰랐다……

그렇게 단무지로
닦아 먹었는데도,
손으로 다시 닦을 때
건더기가 나오면……

마셔야 한다. 깨끗한 물은 퇴수통에 덜고 말이다.

첨엔 역겨움이 있었지만,

점차 역겨움은 잊고,
발우공양의 미덕을 상기하게 되었다.

이 음식이 어디서 왔는가.
내 덕행으로 받기가 부끄럽네.
마음의 온갖 욕심 버리고,
몸을 지탱하는 약으로 삼아
도업을 이루고자 이 공양을 받습니다.

마애불

제가 마애불을 새긴다면
사랑스럽게 새길 거 같아요.
자애를 품고 말이죠.
모두 마음에 사랑애 글자를
새겨봐요.

감흥이 일어나는 때

부처님께서 성도하신 현장을 가장 가까이서
바라본 보리수는 어땠을까요?
붓다의 상태를 가장 잘 알았을 보리수의
감응됨이, 나무에 서려 있지 않을까 생각해봅니다.
마치, 말풍선이나 SNS 상태표시처럼~ ^^

문수보살게송

 성 안 내는 그 얼굴이

 참다운 공양이구요.

 부드러운 말 한마디

 미묘한 향이로다.

 깨끗해 티가 없는

 진실한 그 마음이

 언제나 변함없는 부처님 마음일세

문수보살님을 친견한 일화는 많이 전해지는데,
공통점이 하나 있습니다.
다들 처음에는 알아보지 못했다는 것!

대상을 떠나서, 진리란 이렇게 가까운 데 있으며,
어떤 마음자세일 때 알아차리고,
진리에 눈뜨게 되는지,
비교적 쉬운 언어로 자비를 설하신
문수보살님의 게송입니다.

몰입

몸과 마음이 너무 지쳤을 땐, 푹 쉬기도 어렵습니다.
잘 쉬는 법은 스스로 체득해야 하지만, 때론 잘 자고 나서
기운을 차리는 법이니, 수행 중에 오는 졸음도
곧 몸과 마음의 기운이 회복되는 대로
안정이 될 겁니다.
너무 건들지 마세요^^.

비 오는 휴일 얼마만인가…

수행하기도 좋지만…

꿈꾸기에도 좋은 하루

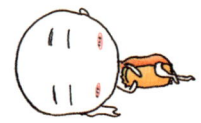

자신의 몸과 마음속에서 모든 것이 이루어지는 바,
이것이 익숙해지기까지, 수없이 잠들고 깨기를 반복하게 됩니다.

어떤 날이 수행이 잘되고, 안되는지도 주의 깊게 자각하고,
어떤 환경 속에 자신이 어떻게 반응하는지도 주의 깊게
관찰하다 보면, 어느 때, 어느 순간,
깊이 자각하고 있는 자신을 보게 될 겁니다.

절식은 절식

안거 때, 이런 다짐을 하고, 대중의 허락과 함께 수행을 시작한다.

순조로웠던 수행도, 시간이 지나감에 따라…

오랜 습관의 변화에는
세계가 흔들리는 법이다.

더 시간이 지나게 되면,
예민한 반응들이 오게 되어 있다.

절식을 하더라도
공양시간엔 무조건,
참석해야 했다.
처음엔 힘들더니…

적응될 즈음 어느 날

이상한 소리가 들렸다.

배가 심하게 고팠는지 몰라도, 대중스님들의 공양 드시는 소리가
내 귀에 마치, 짐승 또는 아귀가 음식을 먹는 소리처럼 들렸다.

결핍으로 인해 그 소리가
안 좋게 들렸을 수도 있고,
수행을 놓치고 맛에 취해서
허겁지겁 먹는 어수선한 마음을
바로 들었는지도 모른다.

무엇이 맞든, 그 두 가지 마음은 나에게 화두를 던져준다.
모두 내가 아프고, 힘들고, 곤란할 때,
또는 욕구를 충족시킬 때,
내 마음이 평정한지 아닌지, 제대로
살펴봐야 한다는 것이었다. 결핍 가운데 참다운
품성과 상태, 수준을 엿볼 수 있다.

맞불통증

계단에서 크게 접질린 뒤,

한의원에서 치료를 받다 보니,
다쳐서 오는 고통, 치료하면서
오는 고통이 있더군요.
맞불을 놓는 셈이죠.

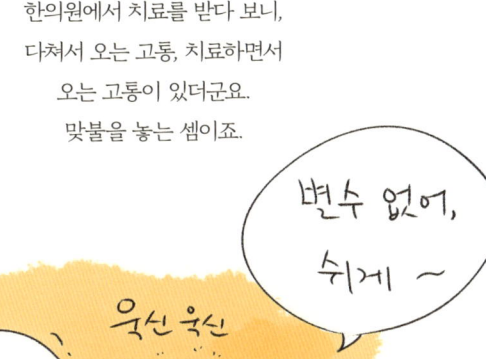

생애에서 갖가지 고통이 오면
그것을 극복하면서 겪어야 하는
또 다른 고통이 있습니다.
수행도 마찬가지입니다.
쉬면서 오는 고통은
치유와 성장통으로 잘 넘겨보세요.

사무량심

慈無量心(자무량심)
내가 얻은 행복을 널리 일체중생에게 주고 싶은 마음

悲無量心(비무량심)
남의 고통을 애처로워하며, 벗어나게 해주고픈 마음

喜無量心(희무량심)
타인의 행복도 기뻐해주는 마음

捨無量心(사무량심)
모든 상대적인 상황에서 벗어나, 일체에 평등한 마음

괴로움과 미혹을 없애주는, 네 가지 한량없는 마음가짐.
선악시비애증 등 모든 것에 흔들리지 않고, 걸림 없이
자재하듯 평안한 마음에 이르는 길이며, 나와 남에 대한 한량
없는 마음을 내어 보살의 자리에 이르는 길입니다.
수행의 방법이자 보살 자체이지요.

여여 커플

대낮 건널목에서…

분명 둘다 여자였는데?

무슨 생각으로 건전하겠다고 안심한 건지…
건전치 못한 생각이 스쳐갑니다…
남녀커플이든 여여커플이든 모두 뒤엉킨
감정들인 것을…
무지에서 비롯된, 모든 관념과 의식을 깨우치는 것도
무지를 인식하고부터입니다.

사유가 곧 사랑입니다

길 떠나 자리에 없는 자식을 위해, 배곯지 말라고 수저를 상에 놓으시고,
새벽이면 자식 잘되라고 정안수 떠두고, 기도하시는 부모님께 감사드립니다.
어리석은 중생. 때론 그 정성 잊고, 나태하고 게을렀던 시간들 참회합니다.
자리에 함께하고 있지 않지만, 부모님의 그 시간을 배웁니다.

차 한 잔 올리오니, 늘 건강하소서.

태국 수행처에서 있었던 일이다.

수행하던 어느 날.

조금 떨어진 사찰에 도착했다. 그런데 이미…

의식은 시작하고 있었다.

그런데 의식을 멈추고, 늦게 온 우리가
준비될 때까지 기다리는 게 아닙니까?

합송하면서 생각합니다. 우리나라였다면,
이런 상황에서 나, 우리는 어떠했을까?
늦게 도착한 미안함에, 급한 마음으로 자리에
앉았을 것이고, 대중은 눈치 주기 급급했을 텐데…
이들의 이 마음들은…

어디서 온 걸까요?
그들의 미소를 기억합니다.
여유로움이 만든 미소.

천수천안지관법

알아차려서 돌아오면 됩니다.

모두 지관법(止觀法)

자비레시피

자비를 베풀 때는

평등한 마음으로

미워함과 사랑함

친함과 친하지 않음을

따지지 않아야 한다.

아베 야로의 『심야식당』처럼, 사연을 토해낸 허전함에
자비와 깨달음으로 채워줄 수 있다면 얼마나 좋을까
경전을 읽으며 생각해보았습니다.
아, 경전을 읽는 자체가 허전함을 달래는 공양이군요.

인생예찬

어느새, 고요(어둠) 속에서 밝아지는 시야를 확인할 수 있을 겁니다. 물론, '케이스 바이 케이스'여서, 어떤 부분에서만 밝아질 수 있지요. 그러나, 또 다른 흔들림은 밝아진 시야 안에서, 다시 불을 끄고, 적막감을 지나가는 힘을 키워 지나가면 됩니다.

흔들림과 고요, 어둠은
중심을 확인시켜주며,
곧 나아가 밝아질 시야를
암시하는 것이니, 낙담하지
말고, 흔들렸다고 자책하지
말고 열심히 지어갑시다.

찾어라

난 누군가? "Who am I"에 대한 몇 가지 화두

자아성찰편

예쓰님

내 안목은 아직 모든 사람이 부처님, 예수님으로 보이지 않지만,
역시 아이들은 선입견 없이 격하게 반길 줄 아는 천진불입니다.

관심법

인간의 마음도,
그 어수선함과 불안함이
본디 타고난 버릇(업, 성질)이고,
자세히 들여다볼 때라야
고요에 머물 수 있음이니…

과학의 시대

정말, 스님들도 공부해야 돼요. 과학시대인데~

과학시대라서 공부해야 한다고 말하지 않았나???
하겠다는 거야, 말겠다는 거야…
합리적으로 말해!

붓다의 번뇌의 비바람을
막아준 코브라는 어쩌면
물음표(화두)였을지도 모릅니다.

순일할 때까지 늘 물음표.

어떤 매임

세상에는 많은 인연들이 연결되어 있듯이,
나에게도 많은 물건과 감정, 욕구들이 매여 있습니다.

수행과 체험으로 그래도 조금은 나아졌겠지 했던,
나의 마음에 '당황'이라는 순간이 어찌나 고마운지요.
나를 돌아볼 수 있었으니 말이죠.

나를 통해 업을 지은, 도둑씨를 위해 기도합니다.

지금 얻은 행복은 찰나(刹那)입니다.

그 찰나의 행복 안에도 업에 대한 결과가 확연히
구분되니 사실, 그것은 고통을 위한 쾌락적 행복이에요.

그러나 그 찰나를 통해 행복을 느꼈다면
영원한 행복도 좋아할 겁니다.

수행하는 나와 엮인 일이니만큼,
불교 수행에 인연이 되어, 더
나은 사람으로 거듭나주길 바랍니다.
나는 그대를 통해 나를 돌아본
인연으로 거듭날 테니 말이죠.

어떤 놈을 먼저 버려야

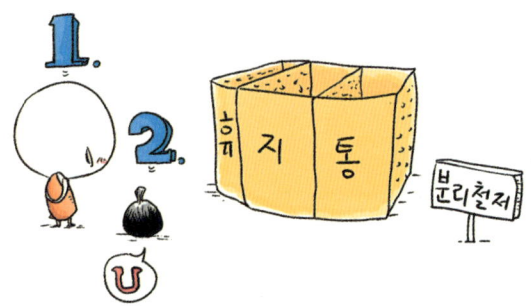

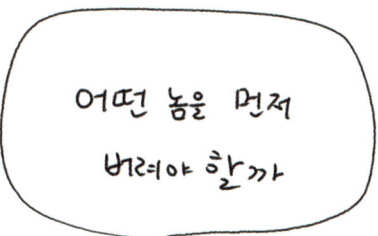

그림자 쫓기

각자, 땡기는 맛이 있습니다.

절대의 세계는 상대적인 세계를 통해
들여다볼 수 있지만,
상대적인 그것에 매이거나 치우침이
없어야 우를 범함이 없습니다.

상대적인 것에 대한 인식이 없으면
절대적인 세계에 대한 환상만 있는 꼴이죠.

낙엽다비식

쓰레기 태우듯 하지 않는 마음.

사소해 보이는 일이라도 깊이 들여다보면
그 의미와 뜻이 진리에 다가갑니다.

나의 가치

이야~
이건 얼마 받아야 해.

...

그림은 그림대로
나는 나대로
가치를 매겨가야지...

궁극에는 나에게도 매이지 말아야 하는데,
전도몽상이 예술적으로 얽혀 있지는 않은지요...

몇 근인고?

법정스님의 '의자'

"출가할 때 몇 근이었나?
출가했을 때보다 더 늘어서는 안 된다."

"그게 뭐냐면 시주물을 많이
축내지 말라는 의미거든요."

흠...

어른 스님 다큐는 자주 본다. 나를 자극하는 말들이 많기 때문이다.

폭풍 108배를 올립니다…

문득 스친 핑계는…
역시 찔립니다.

독서삼매

마음이 선정에 있게 되면
모든 현상에 물듦이 없다.

시선이 향하는 곳

시선이 내면으로 향한다고 해서

경계가 몸속에 갇혀서는 안 된다.

불전사물

운판은 하늘 중생을 제도하기 위해 발원하며 두드리고,

목어는 물속 중생을 제도하기 위해 발원하며 두드리고,

범종은 지옥 중생을 제도하기 위해 발원하며 두드리고,

법고는 축생을 제도하기 위해 발원하며 두드립니다.

그런데 사실…

그 네 가지 대상이 바로 우리 마음인데.
들뜨고, 어수선하여, 안정되지 않은,
그 마음이 날짐승이고요.
회피하고, 음울한 그 마음이 물짐승이고요..
또 분노심에 미친 듯 끓는 그 마음이 지옥중생이고,
만나면 으르렁거리고, 질투하는 그 마음이
축생(들짐승)이랍니다…

사찰에서 이 소리를 듣게 되시면
바로 본인의 마음에 울림이 있는지
없는지 돌아볼 일입니다.

어떤 커피를 좋아하세요?

맛의 감별도 능력일 테지만, 커피 자체가 주는 의미를 돌아봅니다.
제 입은 커피 종류를 다 알아내지는 못해도 몸과 마음이 각성되는 걸 즐겨요.
나름의 쉼을 스스로에게 선사하는 거죠.
불교 수행 종류에 따른 선호도는 사실, 사람들마다 다른 업의 구성에서
비롯된 것이어서 어떤 수행이 좋다고 할 수 없어요.
본인에게 맞는 수행이 있을 따름입니다.
저는 마음의 의미(쉼의 의미)를 알아가게 해주는 불교가 좋아요.
필요 없는 상황이 오면 원함도 없겠지만 말입니다.

끙끙 앓다 보면

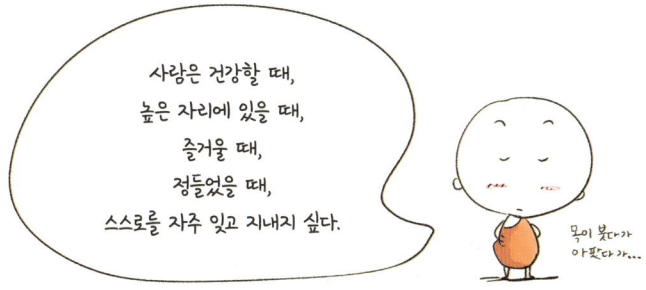

붓다가 아픈 법이라 그랬다, 사바세계는…

별 같은 사람

다들 흙으로 가지만,

별처럼 느껴지는 사람이 있다.

'나만'을 찾게 되면 나를 관통해서
알 수 있는 법을 놓칠 수 있지요.

불가에서 말하는 윤회의 근본이 바로 욕망입니다.
그 욕망은 세상을 이루는 요소이기 때문에
타고날 수밖에 없습니다.

바라봐도, 저어도
물결 인다. 다만
중심을 잡을 뿐.
- 어라

보려는 마음, 애쓰는 마음,
그저 놓아두고, 치우침만 없게 하려고 하는 그 마음이
모든 고민을 가로지르는 길이더군요.
몰입에 드는 것도 마찬가지로 말이죠.

다가오는 마지막

벌써 연말이라니… 인생은 이렇게
쉼 없이 소멸을 향해 나아가는데
참 진리를 담은 경전을 들추다 베인 손에
원망하는 마음을 일으킨, 순간의 어리석음이
꿈처럼 아득합니다…

웃어라

또 여긴 어딘가? 탐진치와 팔정도 사이의 세상살이

사회편

학여울역 코스프레

"진짜야?"
누군가 하는 소리를 들었어요.
자신은 흉내 내고 있다는 소리일 테지요.
진짜인 삶을 살아봐요.

닮고 싶은 부처님 그리기

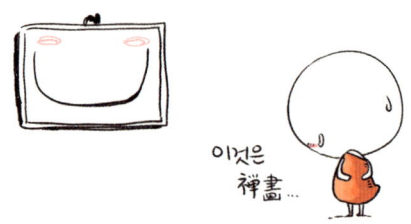

모든 것은 방편, 마음을 들여다보는
일이 우리가 추구하는 바입니다.
내게 부족한 부분을 석가모니에게서
찾는 것이 아니라, 내 안에서 찾는 것임을
몸소 실천해야 해요.

자
비
심

내 손톱 위의 흙이 많으냐?
이 대지 위의 흙이 많으냐?

손톱 위의 흙은 매우 적지만,
이 대지의 흙은 헤아릴 수 없이 많습니다.

이와 같이 일체중생에 대한 자비심을 일으키는 자는
손톱의 흙만큼 적고,
또 일체중생에 대해 자비심을 일으키지 않는 자는
대지의 흙만큼이나 많다.

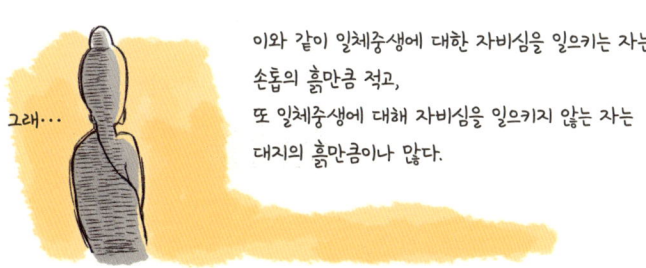

그래...

부디 일체중생에게 항상 자비심으로 대하여라…

그렇긴 한데요... 저어...
부처님 손은 꽤 크지 않나요?
(뛰어봐야 님 손바닥 명언)

난 자비로워서 좀 클걸!!
말 좀 잘 알아들어.

암만 손 큰 부처님에게도
그 수가 너무 적은가 봅니다.
우리 마음속에 자비를 좀 더 키워야겠어요.

독화살의 비유

누가 버렸는지 생각하기 전에 무심히 치웠더라면…

수행자라면 마땅히 그래야 함인데…

반성합니다.

나는 '노래로 쉬는 법'을 이야기하면 어떨까라고
연습해봅니다. 쉬고 가자, 쉬고 가자~

템플스테이 지정곡으로…ㅋ

아름다운 말

빵을 사러 가는 길이었다.

웬 노년신사가 대뜸 말을 걸어왔다.

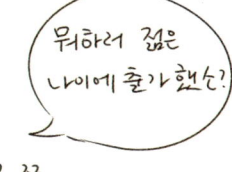

오는 말을 곱게 들으니
가는 말이 곱게 나오네요.

불법은 양말을 타고

우리는 서로의 모습을 보고 웃었다···
나도, 그녀도 상반된 모습이 새로웠을 것이다.

부처님께서는 꽃을 들어 가섭에게 불법의 의미를
전하셨다는데, 나는 오늘 양말을 손에 들고 멋진
아가씨에게 웃음을 선사했다.
그녀의 미소에 불법의 향기가 전해졌을까?

이렇게 불법의 감성이 그림과 인형을 통해 미소로
화답을 받으니 불법은 양말을 타고, 만화를 타고
전승될 수 있나 보다.

뽁뽁이 비닐

뽁뽁이 비닐이 추위에 더 효과가 있는지, 그냥 비닐하우스용 비닐을 둘러놓는 게 효과가 있을지는 잘 모르겠습니다.

그런데 요 뽁뽁이 모양이 한결 따뜻하게 보이는 건
평평한 비닐 위에 공기를 넣은 듯, 겨울용 누비(?) 비닐같이 느껴져서인 것 같습니다.

일반 비닐보다 부르주아틱한 뽁뽁이 비닐을
사놓고 행복해 하는 모습이 우습기도 하지만,
아무튼 내세울 것 없는 빈승이 이런 비닐으로라도
부르주아를 느낄 수 있다는 것이 감사할 따름입니다.
같은 가방인데 이름만으로 부르주아가 되는 세상이니
포장만으로도 얼마든지 부르주아가 되는 것 같습니다.

뻔한 격언이라도

뻔한 격언들이

어느 날 가슴에 들어올 때가 있습니다.

상황에 따라 머쓱해집니다.

원조의 품격

내가 누군지 알아?

관심종자들에게 위로의 한마디 보냅니다.

원조가 되세요…

물들이다

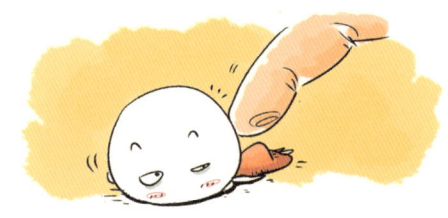

마음이 피곤하고 힘들 때
아주 쉽게 부처님 가르침에
물들 수 있다면
얼마나 좋을까요.

개이득···

물들었다가 자연스레
빠지는 모습도 괜찮으니,
어디에도 매이지 않는
그 자연스러움을 배워봐요.
모두 힘내세요~

손오공의 분신, 다산카드가 나온 것은 결혼 운이 있는 듯하고,

그런데 손오공들이 탈 구름들이 부족한 카드군.

그러면서 인연과 때, 은둔의 시간이 필요한 카드가 나왔군.

(※만화를 위해 만든 카드입니다)

생각해보니···
이건 둘만의 문제라기보다
사회적 분위기나 현실문제이기도 해.
결혼을 원하지만, 결혼해서 살기 힘든 사회여건들···
취업 불안, 비정규직, 사회보장제도 열악,
교육 환경 등등
모든 마음의 부담이 담긴 무의식의 반영이
카드에 나온 게 아닐까.

말끔한 옷을 입으면 기분이 상쾌하듯
사회적 여건을 우리 몸과 마음 돌보는 것처럼
신경 써주길 빌어봅니다.
각 가정의 어른, 노무자, 기업운영가, 정치인,
성직자 그리고 '나'에게 말이죠···

몸과 마음은 둘로 나눌 수 없고, 서로에게 영향을 주고받기에,
사회적 어려움도 우리 각 개인들의 끊임없는 알아차림과
지혜가 필요합니다.

특별한 배려

...

생각해보니 그 아이는
참 잘 배우고, 성숙하고,
배려심 많은 아이로군요.

맘
섹
남

대세는…

머니머니 해도,
마음이 따뜻한 사랑이 섹시하다…

핼러윈데이

서양풍습이지만,
액운을 물리치는 즐거운 축제랍니다.
무서운 귀신들도 축제가 되고 보니
귀엽고 즐거운 모습으로 보이네요.
액운이 말랑해지는 듯합니다~

액운말랑 소멸
건강기원 발원

허리교정요가

허리 교정 요가를 다니면서 알게 된 것이 있다.

그걸 바로잡을땐, 즐긴 습관만큼의 고통이 따른다는 것이다.

바로잡고, 또 어리석은 자세를 취하는 우리…

업의 세월호 1

안녕하십니까?
뉴스 앵커 어라입니다.

오늘의 소식 알려드리겠습니다.
아… 이런 신발끈 같은 소식이라니요.

시간이 갈수록 세월호의 안타까운 침몰사고에는
수많은 어리석음들이 거미줄처럼 얽혀 있다는
사실이 드러나고 있습니다.

붓다제자 엇다님께서는 어떤 지혜로운 말씀으로
사고 관계자들에게 가르침을 주실지
현장 연결해보겠습니다.

오공손 씨~

네, 오공손입니다.
지금 엇다님 손바닥인데요,
머리털을 뽑아 여러 손오공들이
상공 최대의 육성녹음 작전을 펼치고 있습니다.

모든 것을 요리 보고, 저리 보고
미루어 보시는 엇다님!
책임자들에게 한 말씀 하신다면~

이런 대대끼···
내 후배였으면

흠··· 고소당할까봐···

달랑 한 명?
지상 최대?

그들은 지금 자신들도 '업의 세월호'에 탑승하고 있다는 걸
모르고 있지요.
밀린다 왕이 나가세나에게 물었습니다.
"지옥의 불은 뜨거워 집채만 한 바위도 순식간에 녹는데,
지옥에 태어난 생명체는 만년 동안 지옥불에 녹지 않는다.
나는 이 두 가지 말을 믿지 않습니다."

그러자 나가세나가 답했습니다.
"임금님, 암악어와 암거북은 단단한 돌멩이 자갈, 모래를 먹습니다.
그것은 배 속에서 녹아버립니다. 그런데 배 속에 든 그들의 태아는
녹지 않습니다. 그처럼 지옥에 태어나는 생명은 악업이 소멸될 때까지
지옥에서 죽지 않는다고 합니다."

밀린다 왕문경

세월호 추모 1주기를 기리며…

세상의 모든 아픔이 사랑으로 승화되기를

지고 난 후에

눈앞에 떠오르는

모란꽃

-부손

업의 세월호 2

세월호 추모 2주기를 기리며…

아이들이 부른 건지,
제 마음의 부름을 들은 건지,
마음의 도장을 깊이 새기며,
한 표 행사합니다.

(20대 총선을 즈음)

주어라

울고 웃으며 부대끼는 또 다른 나(타인)와의 관계 맺기

공감과 소통 편

안심방편

오랜만에 오래된 친구와 식사를 했지요.

공양 대접을 받은 대가로 불편한 마음을 나누었습니다.
전 붓다가 아니라서 완전 연소를 못해줍니다.

그래서...

오래된 친구가 원하는 대답을 해줬습니다.

'선조치 후보고'의 원칙에 따라, 공감해준 뒤에 마음의 작용을 알려줬습니다.

"세월아 너는 어찌 돌아도 보지 않느냐
나를 속인 사람보다, 니가 더욱 야속하더라
한두 번 사랑 때문에 울고 났더니, 저만큼 가버린 세월~
고장 난 벽시계는 멈추었는데
저 세월은 고장도 없네."

웬일로 한가한 객차 안에서, 한 노인이 무대 삼아
노래를 합니다. 함께 부르고, 박수도 쳐드리고 싶었지만,
흥겨운 노랫가락인데도 가사가 왠지 서글퍼
노인에게 무슨 사연이 있나 싶었어요.
그래서 그저 미소 지으며 들어드렸습니다.

노인이 후렴구를 반복하시기에
그분의 마음이 후련해지길 기원하며,
한편으로는 불보살님이 저에게
메시지를 보내는구나 싶었습니다.

마음은 전도체

따뜻한 글과 포근한 그림을 대할 때면

구현해내지 못하는 나의 실력을

인정합니다. 반대말로

말은 그리했어도, 마음은 전도체임을 익히 알고 있지요.

바라보다의 준말

바다는 바라보다의 준말인가요.
바라보다 보면 탄성이 절로 납니다.
아… 저절로…

아파 보지 않으면 알 수 없는 법.
이해하고 들어줄 때 달리 들리는 소리들…

오랜만에 봤어도, 서로를 알아보네요.

눈썰미가 좋은 것이겠지만,
좋은 물건을 정직하게 주는 주인의 마음을
기억하시는 것이겠지요.

조용한 거래

호떡을 받아 가며 생각합니다.
'호떡 먹고 싶을 땐 여기서 사 먹어야겠다.'

고개를 돌려 호떡 파는 곳을 보니
여전히 조용한 거래가 오고 갑니다.
밤하늘이 고요합니다…

바로 칼날 위의 길을 걷는 것.

신의 영험함을 보이듯, 구도의 자세가
신중하고 증명이 되는 삶을 살 때
우리가 바라는 진정한 소통이 이뤄지지 않을까요?

졸라열라

완전 열심···

 한참을 작업한 후

 왠지 오늘따라 집중이 잘되었군···

언제부터 옆에 있었는지…
어린 학생들이 나눈 마지막 대화의 관심사는 '저'였나 봅니다.

뭐든 열심히 하면 다들 관심을
갖는 법이지요. 수행에 열중하는 모습은
요샛말로 "졸라" 해야 그렇게 보입니다.
그게 포교의 중심이 돼야죠. 관심 갖게
하는 법. 테크닉이 아닌, 열의.

넉넉한 팬심

오랜만에 온 단골식당.
...
단골이 더 늘었군

늘 손님이 많다.

늘 먹던 게 있는데도
메뉴판도 보고,
오랜만인지 기분이 좋다.

스님~

기사 스크랩해서 전해주시는
함박웃음과 점심을 더해
든든히 마음 채우고 갑니다.
늘 감사합니다.

제대로 위로하기

군인 여러분! 여러분은 곧 제대를
하지요? 저는 제대가 없어요···
특히 대승불교권에서는 세세생생
보살도··· 이거든요.
자타일시성불도(自他一時成佛道):
나 자신도 성불하기 어려운데, 여러분도
다 성불할 때까지 같이 노력하고 기다려줘야 해요···

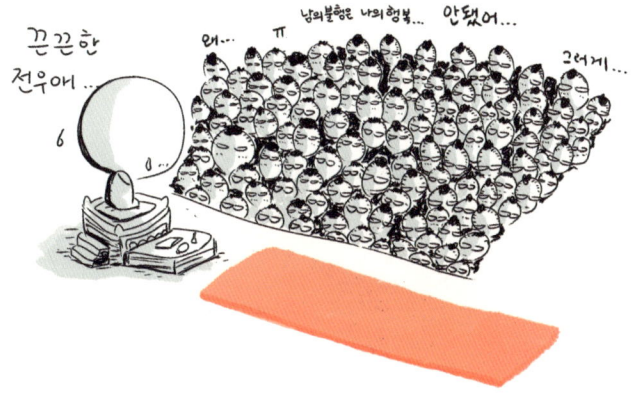

멀리서도 눈에 띄게

온몸으로, 멀리서도 눈에 띄게 웃어야지.

사랑은 함께할 때 완성되는 거네요?^^

이제 노래하면 되겠어요.

너처럼 안 살고

너처럼 안 살고, 나처럼 살아

확신에 찬 발언이 되레 고통이 되기도 합니다.
인생의 즐거움 속에 살면서 왜 그리 제게
위로 받으려고 오는지요.
고통 받는 모든 존재들이 평화롭기를…

마음을 쓸 때는

운동하고 나면 근육통으로 아픔이 오듯,

좌선도 숙련되지 않으면 아프고 불편합니다.

그렇다면, 마음도?...

좋은 마음일지라도, 처음 쓸 때는
변수에 아픔이 수반되지만,

익숙해지면 쓰는 대로 예술이 됩니다.

그런데

결국은 우리 삶의 마지막 죽음.
뻔한 결과에 우리는 마음의 준비가
얼마나 되어 있을까요?

이렇게 만화와 팟캐스트로 불교적 감성을 전합니다.

새소리도 돼야 하고, 그렇게 들을 수도 있게 해줘야겠지요.
온갖 귀여운 짓도 해보고, 욕도 먹어가며 그렇게 가는 거지요.
그런 마음자세로 임할 때 시대에 발맞추며,
근본에도 충실할 수 있게 되겠죠.

축전문화

늘 고마운 송 작가님···

우린 이런 사이 ♥

사찰 문화에는 행사나 방생, 보시, 봉사 등을
통해 나눔과 자비를 실현하며,
장엄이라는 말로 축복과 위로의 모습을 구현하기도 해요.
만화인들의 축전문화는 작가에게 그림과 글로
축하와 안부를 전하는 방식인데요, 마치 선원의
수좌들이 서신을 통해 자신의 살림살이와 상대에
대한 안부를 묻고, 가늠해주며, 사연에 따라 축하의
말을 진실로 전해주는 그런 교감과 같아 보였습니다.

萬法歸一 一歸何處(만법귀일 일귀하처).

모든 만물은 하나로 돌아가는데, 그 하나는
어디로 돌아가는지를 묻는 화두가 생각나는
일화입니다.

발심출가

열정도 없어 보이고, 　　　무상감, 고뇌도 없어 보이고···

출가 전부터 수행하며 지냈던 나로선,

그러던 어느 날, 큰스님의 법문.

생사를 초월해야겠다고, 큰 발심으로
출가한 스님만 수행자가 아니라 상처,
도피, 버려진, 여러의 인연으로 들어왔다 하더라도,
그 인과의 깊은 이면을 들여다보면

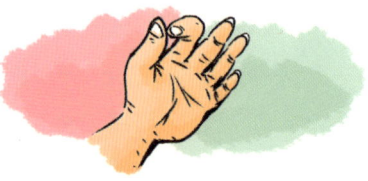

스스로의 인연의 복이 옅어, 출가수행자가 되지 못하면
주변 여건으로 출가수행자가 될 수밖에 없게 해달라고
발원했을 수 있다는 겁니다.

그러니 모두 발심 출가자이지요. 서로 존중하고,
행여 부족해 보이는 사람은 스스로의 인과의
습을 잘 살펴, 수행을 잘 지어나가길 노파심에
이야기하니 명심하길 바랍니다.

여러분은 어떤 발원을
세우고 있나요···

살아라

하루를 딱 하루에 맞게

일상편

법명으로 손색이 없는 부재중.
어째 유행할지도 모르는 법명입니다.^^

일상의 아픔

갈매기만 슬피 우네
오륙도 돌아가는 연락선마다
목메어 불러봐도 대답 없는 내 형제여
돌아와요 부산항에 그리운 내 형제여~

헐...

카페에서 전자건반으로
노래하는 사람을 처음 봤어요.
발로 박자도 맞추고, 흥이 여간 아니네요.
어디서나 노래 부르는 사람은
행복할까요?

들여다보니 마음이 아파서 노래를
안 하면 안 되는 사람인 것 같아요.
제 마음도, 귀도 아파요···

무소의 뿔처럼

다 큰 꼬맹이와 우산 속에서
티격태격했습니다.
우산 밖은 비가 오니까요.

부처님 오신 뜻

'부처님 오신 날'이면 축복하기 바쁘지만,
선원에서는 밤새워 수행을 합니다.
그리고 새벽별을 느끼곤 했지요.

부처님 오신 참다운 뜻을 학문적으로나
큰 깨달음을 얻으신 큰스님만큼 알지 못하지만,
저는 붓다께서 제게 맴매(경책)를 하러
오신 거라고 매년 느낍니다.
자극됨이 저를 성숙하게 함이니,
부처님 전에 발원하며, 참회합니다.
늘 거듭나겠습니다.

신선이다

"신선이다"라는 말을 따라 하려 했나 본데,
말이 아직 서툰 아이는 "신선하다"라고 합니다.

아니면 말을 너무 잘하는 아이인지도 모르겠습니다.
"나도 신선하게 들으마~"

생선이다라고 안 한 게 얼마나 다행인지요…

내가 그려야 할 것

내가 수행하고 있는 그 자체도 좋고,

늘 붙어 있어서 보지 못했던

함께 수행하는 사람들을,
조금 떨어져서 바라보면

희열과 감동이, 내 수행 때와
다름없이 일어나더군요.

세간의 눈으론 알 수 없는
이 속의 여러 모습들 가운데
내가 그려내야 할 기억들이지요···

세월의 가르침

어느 날 갑자기

어... 이런...

새치가 늘었다... ㅠㅠ

흰머리가 딱딱딱!!!

늘 나이 실감은 못하고 있다가...

눈에 잠시 안 보인다고 세월 감을 몰랐구나···

물론, 두려운 마음은 간직한 채로…

붓다는 두려움에서 벗어나는 길을 일러주셨지만,
두려움이 있어야 바른 길을 걷게 된다고 하셨지요.

질레트 젠틀

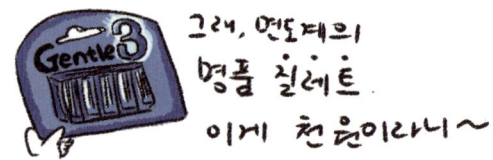

여전히 싼 것에 약하지만,
우린 젠틀할 필요가 있긴 하지…

명훈가피

숲이 되기를 바라며, 물과 거름을 주다가

가만히 생각해 보니,

눈에 보이지 않지만, 훌륭한 가르침과
스승들의 영향력 아래 있지 않나 싶었어요.

괜히 미안해서 투정부렸습니다.

넘치면 독이 되듯이, 모든 것에는 시절인연이 있겠죠.
눈에 보이지 않는 수많은 영향력 속에
왜 내게만 시련이 닥치는가 생각하기보다,
수많은 가피 안에 있으면서 왜 감사할 줄 모르는가
반성해보는 건 어떨까요?
그게 숲이 되는 길일지도 모르겠습니다.

커피톡스

승복에 풀을 먹여 잘 말린 후에,
물을 살짝 뿌려 천에 싸서 콩콩 밟아줍니다.
다림질할 필요가 없을 정도로 잘 펴지지요.

맑은 차 한 잔,
맑은 공기 한 모금 들이켜고
깨끗하게 옷 갈아입은 후
천천히 걸어보세요.
마음의 주름도 어느새 펴져 있지 않을까요.

보톡스보다 훨씬 좋은,
카페인의 힘인 차 한 잔 내지 커피 한 잔.
"커피톡스, 고거 팽팽하네요."

나는 걸치고

나는 이렇게, 이것저것 다 걸치고는,
자연이 보여준 비움의 진면목을
자애로 포장한 어리석은 감성을
안쓰러움으로 말한 게 아닌지
생각해봅니다.

삶을 노래해

시

음계가 다 찰 때라야 삶의 질곡을
노래할 수 있지 않을까요?
인간의 고뇌와 아픔을 표현한 예술작품에
많은 이들이 감동하듯 말이죠.

이미 갖춰진 사랑을, 그저 맞춰놓기만 하면 되더군요.
모두 모아놓으니 알록달록 사랑이 넘치는 공간이 되었습니다.
잠시 자리를 찾지 못한 사랑과 자비가 있다면
그 자리에 다시 놓기만 하면 될 거예요.
사랑과 평화가 깃든 공간으로 거듭나시길~

무상쿠폰

책 한 권을 샀다. 그런데
하루 지출 비용이 만 원이 넘으면

늘 생활비를 생각하면 포기도 빠르다.

꽉 찬 쿠폰을 발견하게 되면
지금껏 '돈 나간 건' 잊고, 행복하다.

슈퍼문

맨날, 변함없이, 늘 함께한다고 착각하고 있는건,
지금 그 생각마저 그렇겠지요.
전 돌아보니 늘, 변해왔더라고요.

번개 같은

아찔한 삶에 대한 사유가 때론 즐겁습니다.

미련 없이

숙연하다
가을이 가는 소리
미련 없이

미련없이…